다섯손가락 이두헌 노래시
우울한 날엔 어떤 옷을 입을까?

ABOUT ME

Name.

Mobile Phone No.

우울한 날엔
어떤 옷을 입을까?

국어 시간에 배운 법 중에 여전히 나를 사로잡는 것은
은유법이다.
단어 자체도 동그랗고 발음을 해 보면 소리도 참 예쁘다.
음악은 가사 없이도, 가사와 함께일 때도
이 묘한 은유가 빠질 수 없다.
깊이 있는 은유는 직설보다 뾰족하다.
은유에 찔려본 사람은 안다.

01 이층에서 본 거리

02 새벽 기차

03 사랑할 순 없는지

04 수요일엔 빨간 장미를

Table of Contents

section 01
이층에서 본 거리

이층에서 본 거리	16
지는 노을이 나를 닮은 것 같아	20
새벽, 아침, 이른 저녁, 한밤중에	22
좁은 골목	26
그녀의 그림 속엔	30
제주의 길	34
어느 가을 문득	38
서울은	42
어려운 세상	44
우울한 날엔 어떤 옷을 입을까?	46
알 수 없는 향기	50
새는 날개가 젖어도 날 수 있더라	54
이렇게 쓸쓸한 날엔	56
눈물 없는 나라에	58
맑은 하늘이 보고 싶어	60
눈물 나는 얘기들	62
늘 아름다운 세상을 위하여	66
초록색 방울 모자를 쓴 꼬마의 이야기	72
낙엽이 지려고	76
나누는 아름다움에	80
물빛은 하늘빛을 닮아	82

section 02
새벽 기차

새벽 기차	88
풍선	90
전자오락실에서	94
내일은 비가 왔음 좋겠다	96
작은 기쁨	98
고흐의 귀	100
마중 그리고 배웅	108
두 개의 시계	112
나는 나이기에 아름다운 것	120
부탁	124
한대수	126
미안해요, 용서해요, 고마워요, 사랑해요	128
아버지의 꿈(통일의 노래)	132
섬	138
우리가 어렸을 적엔	142
오래된 사진기	150
스물한 송이 장미	152

section 03
사랑할 순 없는지

사랑할 순 없는지	156
고독한 이에게	158
보이지 않는 바람을 찾듯	162
차창에 흐르는 이별	164
고독 눈물 그리고 이별	168
그날 이후로	170
우연	174
안개꽃	176
거리엔 추억이	178
선택	182
밖엔 지금도 비가 오나요	184
잊지 말아요	186
어느 해 가을	188
너를 보내며	190
그대는 강물처럼 흐르고	194
창가에서	200
그대가 보고 싶은 날	202
이별이란	208
이룰 수 없는 운명	210
사랑을 잃고 사랑을 꿈꿔	214

section 04
수요일엔 빨간 장미를

수요일엔 빨간 장미를	218
저길 저편 저 차에 오르면	220
느낌	224
그대였으면	226
10년 동안	228
그대와 함께 걷다 보니	230
비 오던 날	234
내 하나뿐인 그대	236
대신	240
사랑을 믿나요	242
푸른 숲 같은 사랑	244
장난	246
너에게 취했어	248
사랑이 사람 뒤에 서 있네	250

내가 반음안 때는 G Key 라고,
악하 Z Key 인것은 보여.
버려내 음악이 낯설지 들려오다
음악을 구성에가 극은 슬픔(?)이
한 인지 1956에서 방향거니다

하나 는   저렇되었고
앉아있는
바람으로
          거실에서 사람보고 가 있는데,
이리에서 무언가 있는 나의 뒷에는가.
「그 앞과 네게 답는것는
   는 라가 있다」

다섯손가락 이두헌 노래시
우울한 날엔 어떤 옷을 입을까?

section 01

이층에서 본 거리

#이층에서 본 거리 #지는 노을이 나를 닮은 것 같아 #새벽, 아침, 이른 저녁, 한밤 중에 #좁은 골목 #그녀의 그림 속엔 #제주의 길 #어느 가을 문득 #서울은 #어려운 세상 #우울한 날엔 어떤 옷을 입을까? #알 수 없는 향기 #새는 날개가 젖어도 날 수 있더라 #이렇게 쓸쓸한 날엔 #눈물 없는 나라에 #맑은 하늘이 보고 싶어 #눈물 나는 애기들 #늘 아름다운 세상을 위하여 #초록색 방울 모자를 쓴 꼬마의 이야기 #낙엽이 지려고 #나누는 아름다움에 #물빛은 하늘빛을 닮아

ⓒ 서현덕

LEE
DOO
HEON

어머니가 운영하던 커피전문점의 2층 창가 자리에
앉아 우울하게 바라본 거리에서 절친했던
중학교 동창이 구두를 닦고 있었다.
대학생인 나와 일찍이 노동자가 된 그의
사이만큼이나 어이없게도 길 건너 약국 간판
아래에는 '담배'라는 글자가 매달려 있었다.
잠시 뒤 카페 문이 열리고 10살도 안 되어 보이는
어린아이가 테이블마다 껌 한 통과 자신의 처지를
적은 마분지 한 장을 함께 건넸다.
무심히 바라본 길가에는 화사한 원피스를 입은
여학생들 사이로 검은 옷의 수녀님들이
고개를 숙인 채 말없이 걸어가고 있었고,
순간 거리는 온통 회색빛으로 변해버렸다.

이층에서 본 거리

수녀가 지나가는 그 길가에서
어릴 적 내 친구는 구두를 닦고

길거리 약국에서 담배를 팔듯
세상은 모순 속에 깊어만 가고

분주히 길을 가는 사람이 있고
온종일 껌을 파는 아이도 있고

시간이 숨을 쉬는 그 길가에는
낯설은 그리움이 나를 감싸네

이층에서 본 거리 평온한 거리였어
이층에서 본 거리 안개만 자욱했어

해묵은 습관처럼 아침이 오고
누군가 올 것 같은 아침이 오고

아무도 찾아오지 않는 이유로
하루는 나른하게 흘러만 가고

구경만 하고 있는 아이가 있고
세상을 살아가는 어른도 있고

안개가 피어나는 그 길가에는
해묵은 그리움이 다시 떠오네

이층에서 본 거리 평온한 거리였어
이층에서 본 거리 안개만 자욱했어

②

지는 노을이
나를 닮은 것 같아

\

지는 노을이 나를 닮은 것 같아
나는 오늘도 저물어 간다

지난 세월의 숱한 기억이
가슴에 남아있는데

거리에 서면 후회만 남은
초라한 나를 만나고

지나는 사람 그 어느 누구도
도무지 기댈 수 없어

내 여린 꿈은 흩어져
지는 노을빛이 서러워

지는 노을이 나를 닮은 것 같아
나는 오늘도 저물어 간다

③

새벽, 아침, 이른 저녁,
한밤중에

\

새벽에 집을 나서서
하루를 길게도 살고
살아 숨 쉬는 기쁨을 알고 싶어서
안개 낀 거리를 걸어 보아도
나는 외로워진다
나는 외로워진다

아침 해 바라보면서
어느새 내일을 본다
아직도 많은 일감을 만지면서도
마음은 따뜻해지고
나는 외롭지 않다
나는 외롭지 않다

이른 저녁에 노을을 보며
어제를 그리워하고
지는 노을에 아픔처럼 젖어 드는
세월의 그늘 그 사이를
나는 보고만 있다
나는 보고만 있다

한밤중에 자리에 누워
천장의 무늬를 세며
오늘 하루의 피곤함을 잊기 위해서
깊숙한 잠에 들고 싶어도
나는 잠 못 이룬다
나는 잠 못 이룬다

④ 좁은 골목

\

언제나 지나치던 좁은 골목이
이리도 낯설은 건 웬일일까요?
햇볕에 모여 놀던 작은아이도
오늘은 웬일인지 이곳에 오질 않네요

하나둘 불을 켜는 가로등들도
오늘은 날씨처럼 추워 보이네
지난밤 문을 닫은 소극장처럼
늘어선 불빛들이 모두들 외로워 보여

거리를 걸어봐도
나 홀로 온종일 걸어도
마음은 알 수 없는
깊은 어둠 속에 숨겨져 있네

강남에서 한남대교를 건널 때면
왼쪽에 보이는 바로 그 가파른 동네.
언덕 꼭대기에는 교회가 있고
골목길을 따라 노란 가로등이 불을 켜는 곳.
빨간 벽돌집과 구불구불한 길 위를
손수레 가득 물건을 싣고 힘겹게 오르는
노인의 주름.

ⓒ 정보연 그림

5   그녀의 그림 속엔

\

녹슨 대문을 지나서
좁은 골목을 걷네
하늘에 희미하게 떠 있는
달빛은 무슨 의미일까?

파란 지붕들 사이로
금빛 불빛이 켜질 때
은은한 종소리가 들린다
아련한 슬픔이 떠오른다

아름다운 날들이여
그녀의 그림 속 나른한 오후여
아름다운 추억이여
그녀의 그림 속 외로운 골목길

녹슨 대문을 지나서 노란 가로등 아래
오래된 이야기가 흐른다
그녀의 그림 속엔

제주의 길,
소가 내 손에 닿을 거리에서
풀을 뜯는 소리가 들리고,
언덕 너머로 바다가 보이는
그 비현실적인 풍경은
내 안의 무언가를 서서히 풀어놓았다....
작은 숲에서 길을 잃었다.
어디서 들어왔고
어디로 나가야 하는지조차
불분명한 그 길...

⑥ 제주의 길

\

가슴엔 언제나
향기로운 바람이 부네

그대를 만나고 돌아오는 길

길 위에 피어난
작은 들꽃 하나도
눈물겹도록 아름다워서

생각의 숲에서
아픈 날의 기억을 지우리

다가올 날들은 아름답기에

푸르른 하늘과 바다
그리고 바람

제주의 길 위에서

침묵의 시간을 넘어서
내 안의 나를 만나는 길

언젠가 이 길이 나를 불러
머물라 할 때에

마음의 소리에 나를 맡기리

푸르른 하늘과 바다
그리고 바람

제주의 길 위에서

7

어느 가을 문득

\

어느 가을 문득 잊혀진
사람에게 받은 편지
지는 노을 넘어 흐르던
우체부의 지친 모습 위로

회색빛 하늘에선
바람이 불어오고
금세라도 비가 올 것만 같은
우울한 날씨

쓸쓸한 빗방울이
온몸을 적셔올 때
사랑은 낯선 우체국 계단에
흐느끼는데

어느 가을 문득 찾아온
낯선 소인 찍힌 편지
지는 노을 넘어 흐르던
그리운 사람의 얼굴

모든 것이 참 애매했다.
인기가 있는 것도,
없는 것도 아닌 그 시절,
이 노래는 그와 나,
그리고 '서울'이라는 방공호에서
잠시 함께 피신했던
모든 도망자들의 노래였다.
그리고 이 노래는 내가
음악을 다시 시작한,
정확한 첫 문장이기도 했다.

서울은

서울은 꿈을 잃어버린 사람들이
온종일 잃어버린 꿈을 찾아 헤매이는 곳

우울한 시간들이 모여 하루가 가면
거리엔 잿빛 혼돈만이 가득한 곳

사람들의 마음 깊은 곳에
감추어진 욕망들이
깨어보면 모두 간 곳 없고
다가서는 힘든 하루

하지만 아무것도 찾을 수 없는
서글픈 도시
저녁 찬거리에 팔아버린 자존심이 울먹이는 곳

높아만 가는 빌딩 사라져 가는 아름다움들
안타까워 부르다 뒤돌아서 그리워지는
서글픈 이름 서울은

⑨ 어려운 세상

\

기쁨만이 가득한 세상
우리 모두 그리워하는
그러나 그리 쉽게 올 것 같지 않은 세상
어려운 세상

이 세상의 모든 무기는
아름다운 꽃이 되어서
싸우고 미워하는 세월은 끝이 났으면
끝이 났으면

미움만이 가득한 세상은 싫어
사랑하며 한세상 살고 싶은데

사랑만이 가득한 세상
우리 모두 그리워하는
그러나 그리 쉽게 올 것 같지 않은 세상
어려운 세상

⑩

우울한 날엔 어떤 옷을 입을까?

\

우울한 날엔 어떤 옷을 입을까?
내 마음 쓸쓸한 날엔
어두운 빛의 옷을 입어야 할까?
슬픔이 밀려드니까

하늘을 보면 눈부신 햇살
머리 위에 비춰지는데
세상은 정말 슬프진 않아
어두움도 있을 뿐

그 누가 어두운 이 땅의 빛이 될 수 있을까?
우울한 날엔 난 밝은 옷을 입겠어

그 누가 외로운 세상에 빛을 줄 수 있을까?
우울한 날엔 난 밝은 옷을 입겠어

1986년 무렵 만들어 세상에 나온 두 노래가 있다.
'우울한 날엔 어떤 옷을 입을까?'
'내일은 비가 왔으면 좋겠다.'
음원 사이트에도 없는 이 곡들.
이 당시를 그대로 적었던 노래들.
그것이 내 마음이었음을.
그리고 별로 변한 건 없다.
40년이 흘러도

⑪ 알 수 없는 향기

\

알 수 없는 향기
도무지 생각이 나질 않아
하지만 느낄 수 있어
날 지켜주는 신비한 느낌

아무도 날 알지 못해
누구도 날 이해해 주질 않아

어디에 있을까?
사랑해 주던 그 사람들은
지금은 어디에 있을까?
창백한 별빛만 지친 나를 비추네

외롭게 살았지
혼자서 모든 걸 이겨내며

매일 밤 슬픔 속에서 강인해지기를 기도했지
간절히

이젠 모두 끝이 났으면
끝났으면
견디기 힘든 이 외로움
모두 끝이 났으면

아무도 날 알지 못해
누구도 날 이해해 주질 않아

알 수 없는 향기
도무지 생각이 나질 않아
하지만 느낄 수 있어
날 지켜주는 신비한 느낌
이 느낌

⑫　　새는 날개가 젖어도 날 수 있더라

\

새는 새는 날개가 젖어도
날 수 날 수 있더라
장맛비에 온몸이 젖어도
저 멀리 나는 새를 보라

긴 비에 온몸이 젖어도
새는 하늘을 날고
폭풍우 치는 밤중에도
새는 하늘을 난다

새는 새는 날개가 젖어도
날 수 날 수 있더라
모질고 모진 저 폭풍우 너머로
나는 새를 보라

이렇게 쓸쓸한 날엔

\

이렇게 쓸쓸한 날엔
한적한 거리를 걸어본다
낯익은 이름 하나를
나직한 소리로 불러본다

이렇게 쓸쓸한 날엔
그렇게라도 해야지

이렇게 쓸쓸한 날엔
그렇게라도 해야지

이렇게 쓸쓸한 날엔
어두운 무대에 나서보자
낯설은 관객 앞에서
때 묻은 노래나 불러보자

이렇게 쓸쓸한 날엔
그렇게라도 해야지

이렇게 쓸쓸한 날엔
그렇게라도 해야지

이렇게 쓸쓸한 날엔
그렇게라도 해야지

14

눈물 없는 나라에

\

눈물 없는 나라에
눈물을 편지하면
닫힌 마음속에 흐르는
따뜻한 정을 느낄 거야

기쁨 없는 세상에서
기쁨을 노래하면
항상 즐거움만 가득한
행복한 날이 올 거야

눈물이 메마른 나라에도
포근한 사랑이 있을까?
우리가 다 함께 나누면
눈물이 생길 거야
따뜻한 맘이 생길 거야

15 맑은 하늘이 보고 싶어

\

맑은 하늘이 보고 싶어
비 갠 뒤의 그 하늘
고운 사람이 되고 싶어
동화 속의 그 사람

난 늘 새롭고만 싶어 눈물이 나도록
난 늘 보고만 싶어 이 모든 꿈들이

기쁜 세상에 살고 싶어
잃어버린 그 세상
착한 사람이 되고 싶어
거짓 없는 그 사람

난 늘 새롭고만 싶어 눈물이 나도록
난 늘 보고만 싶어 이 모든 꿈들이

기쁜 세상에 살고 싶어 전쟁 없는 그 세상
착한 사람이 되고 싶어 거짓 없는 그 사람

맑은 하늘이 보고 싶어 비 갠 뒤의 그 하늘
고운 사람이 되고 싶어 동화 속의 그 사람

⑯ 눈물 나는 얘기들

\

서로 전혀 모르는
그런 얼굴을 하고
가는 저 사람들

시린 바람 사이로
잠시 손을 내미는
숱한 표정들

내겐 눈물 나는 얘기들
내겐 눈물 나는 얘기들

어떤 설명 없이는
짧은 이해도 없는
슬픈 이 세상이

밤새워 편지를 쓰면
쉽게 전화나 하는
흔한 사랑이

내겐 눈물 나는 얘기들
내겐 눈물 나는 얘기들

문득 고개를 들어
넓은 하늘을 보면
내가 왠지 작아져

고독이 나를 부를 때
달려갈 수 없음이
왠지 나는 슬퍼져

내겐 눈물 나는 얘기들
내겐 눈물 나는 얘기들

늘 아름다운 세상을 위하여

밤하늘에 반짝이는 별들을 보면
수많은 꿈과 사랑이 가득 있는듯해요

꿈을 잃은 사람들의 표정을 보면
한 아름 별을 따다가 나눠주고 싶어요

세상에 살아 있는 시간 동안
즐거움을 다 함께 나눌 수가 있다면

늘 아름다운 세상이
온 누리에 펼쳐지겠죠
늘 아름다운 마음만
복잡한 거리에도 나의 빈 마음에도

푸른 하늘 날아가는 새들을 보면
하늘엔 자유로움이 가득 있는듯해요

슬픈 일에 눈물짓는 사람을 보면
가만히 마주 앉아서 울어주고 싶어요

세상에 살아 있는 시간 동안
슬픈 일도 다 함께 나눌 수가 있다면

늘 아름다운 세상이
온 누리에 펼쳐지겠죠
늘 아름다운 마음만
복잡한 거리에도 나의 빈 마음에도

내가 좋아하는 우리말.

                              움   트   다.

18

초록색 방울 모자를 쓴
꼬마의 이야기

\

초록색 방울 모자를 쓴
꼬마의 얘기를 들어 본 적이 있니
어릴 적 동화 속 얘기 말이야

수많은 날 중 어느 날에도 어두운
내 창문을 두드리지는 않지
너무나 먼 곳에 살고 있기 때문에

하지만 난 늘 그 아이를 보고 있는걸
보이지 않는 그 아일 말야
그건 아마 내가 나이는 들었어도
어리기 때문일 거야

왠지 벅찬 감정이 들어
이 모든 꿈들이
아름다울 수 있는 것은
내가 잊고 살지는 않기 때문일 거야

초록색 방울 모자를 쓴
꼬마의 얘기를 들어 본 적이 있니
어릴 적 동화 속 얘기 말이야

어느 날 문득 하늘을 날아 어두운
내 창문을 살며시 두드린다면
나는 아마 그 문을 열지는 못할 거야

지나간 날을 부끄럼 없이 살아왔다면
꼬마도 나를 반겨 줄 텐데
꼬마는 눈물을 조용히 흘리며
그 문에 기대있었지

초록색 방울 모자를 쓴
꼬마에게 줄 작은 꿈들이 있니
조그만 그 사랑, 사랑 말이야

지난 겨울 추위에 마음도
추웠을 그 꼬마를 위해서
따스한 외투라도 하나 사둬야겠다

낙엽이 지려고

\

낙엽이 지려고 저렇게 바람은 부는 거야
초라한 가지가 거친 바람에 흔들리는데

이내 서러움을 모아 태우면
쓸쓸한 냄새가 날까?
이내 서러움을 모아 태우면
쓸쓸한 냄새가 날까?

낙엽이 지려고 저렇게 바람은 부는 거야
초라한 가지가 거친 바람에 흔들리는데

어느 이른 새벽바람에 지친 나뭇잎이 지는 건
그대 서러움이 깊은 까닭에

어느 이른 새벽바람에 지친 나뭇잎이 지는 건
이내 서러움도 깊은 까닭에

나누는 아름다움에

\

아름다운 마음을 가진 사람들과 함께
서로 작은 기쁨을 모아 함께 노력하면
가까운 어느 날 고통은 모두 사라지고
세상은 정말 아름다운 곳이 될 텐데

우리는 너무 너무나 많은 슬픔들을
안고 살아가기 때문에
주변에 있는 조그만 일에 관심조차 없을 뿐
잊고 산 건 아니지

아름다운 눈물을 가진 사람들과 함께
마음속에 슬픔을 모아 함께 나눈다면
가까운 어느 날 슬픔도 모두 사라지고
세상은 정말 아름다운 곳이 될 텐데

우리는 너무 너무나 많은 약속들을 하면서
살아가기 때문에
낙엽이 지는 조그만 소리를 듣지 못할 뿐이지
잊진 않았지

(21) 물빛은 하늘빛을 닮아

\

물빛은 하늘빛을 닮아
푸른 날엔 푸르고
하늘빛도 물빛을 닮아서
흐린 날엔 흐리고

그렇게 세월이 흘러
우리가 떠난 뒤에도
하늘빛과 물빛은 남아서
이 세상이 흐르면

언젠가 이 땅 위에도
평화로운 날이 오겠지
그날이 오면은
물빛 닮은 하늘 보면서
슬프도록 파란
저 하늘을 노래 부르리
하늘빛도 물빛도
같아지는 세상을

없는 보는 있고 앉아
(아닌걸)
안 중에
나도 아빠도 있는
아빠의 나에 대한 생각이 있다
동시에
나도 그들 중에 주인공인 된다
왠지 그 동영상에서 혼자서 시소 위에 있는
타인의 주인공이 아니다.
생각지 쉽은 어색한 느낌.
그리고 있으면 앉아서 뛰어내릴까
두 다리의 반만 그 순간의 상쾌함 재능만한
행복은 아마 0% 아닐까?

밝은산 (?) 산 안중에 막 도달
이서
거의 한가운데 아래는 붉은 초등학교
막 있는 정면에 부는 있는 바가
반쯤 부는 듯 아니라 같이 아닌 비행하는데.
내게는 만드는 것도 가끔 만족 순간이
영상로 만드는 시나 빼고 흡사하다
어느 어느 때쯤 하늘 뚫쳐두는 그만큼
가고 있는 히가씨강을순간이도 아스나다

다섯손가락 이두헌 노래시
우울한 날엔 어떤 옷을 입을까?

section 02

새벽 기차

#새벽 기차 #풍선 #전자오락실에서 #내일은 비가 왔음 좋겠다 #작은 기쁨 #고흐의 귀 #마중 그리고 배웅 #두 개의 시계 #나는 나이기에 아름다운 것 #부탁 #한대수 #미안해요, 용서해요, 고마워요, 사랑해요 #아버지의 꿈(통일의 노래) #섬 #우리가 어렸을 적엔 #오래된 사진기 #스물한 송이 장미

ⓒ 학전

새벽 기차

해지고 어두운 거리를 나 홀로 걸어가며는
눈물처럼 젖어드는 슬픈 이별이

떠나간 그대 모습은 빛바랜 사진 속에서
애처롭게 웃음 짓는데

그 지나치는 시간 속에 우연히
스쳐 가듯 만났던 그댄

이젠 돌아올 수 없는 길을 떠났네
허전함에 무너진 가슴

희미한 어둠을 뚫고 떠나는 새벽 기차는
허물어진 내 마음을 함께 실었네

낯설은 거리에 내려 또다시 외로워지는
알 수 없는 내 마음이여

풍선

지나가 버린 어린 시절엔
풍선을 타고 날아가는
예쁜 꿈도 꾸었지

노란 풍선이 하늘을 날면
내 마음에도 아름다운
기억들이 생각나

내 어릴 적 꿈은
노란 풍선을 타고
하늘 높이 날으는 사람

그 조그만 꿈을 잊어버리고 산 건
내가 너무 커 버렸을 때

하지만 괴로울 땐
아이처럼 뛰어놀고 싶어

조그만 나의 꿈들을
풍선에 가득 싣고

지나가 버린 어린 시절엔
풍선을 타고 날아가는
예쁜 꿈도 꾸었지

노란 풍선이 하늘을 날면
내 마음에도 아름다운
기억들이 생각나

왜 하늘을 보면 눈물이 날까?
그것조차도 알 수 없잖아

왜 어른이 되면 잊어버리게 될까?
조그맣던 아이 시절을

때로는 나도 그냥
하늘 높이 날아가고 싶어
잊었던 나의 꿈들과
추억을 가득 싣고

지나가 버린 어린 시절엔
풍선을 타고 날아가는
예쁜 꿈도 꾸었지

노란 풍선이 하늘을 날면
내 마음에도 아름다운
기억들이 생각나

③

전자오락실에서

\

전자오락실에서
무수히 많은 비행기들을
부숴 버리고 나서 꿈을 꾸었지

무죄의 비행기들이 하나둘 소복을 입고
하늘로 날아오르는 그런 꿈을 꾸었어

세상은 늘 죄가 없나 봐
그 안에 사는 사람들만큼
세상은 늘 죄가 없나 봐
그 안에 사는 나만큼

문명의 낯선 모습이 표독한 이를 내미는
전자오락실에서
난 참 많은 걸 느꼈나 보다

④

내일은 비가 왔음 좋겠다

\

내일은 내일은 비가 왔으면
조그만 처마 밑에 사람들이 모이게

내일은 내일은 울어봤으면
이루지 못한 지난 꿈을 위해

좁은 처마에 사람들이 모여
문득 내리는 비를 피하며

하늘 가득히 어여쁜
작은 별들이 무리 져 빛나듯
닫힌 마음에 작은 꿈들이 반짝이도록

내일은 내일은 비가 왔으면
메마른 사람들의 마음속에

좁은 처마에 사람들이 모여
문득 내리는 비를 피하며

하늘 가득히 어여쁜
작은 별들이 무리 져 빛나듯
닫힌 마음에 작은 꿈들이 반짝이도록

내일은 내일은 비가 왔으면
자유를 위해 숨진 나의 친구를 위해

작은 기쁨

\

간지럽게 내 뺨을
스쳐 가는 바람이
내 마음에 던져준
작은 기쁨은

천진하게 뛰놀던
어릴 적의 기억들
술래 찾아 헤매던
작은 내 모습

하지만 어른이 된 나에게는
희미한 기억 속에 아련히
지나간 추억만이 남아있네
어릴 적 친구들은 모두들 떠나고

다시 갈 순 없어도
지난날의 추억은
다시 느낄 수 없는
작은 기쁨들

고흐의 귀

＼

세상이 피곤하게 느껴지는 날에는
모든 게 나를 외면하는 듯한 날에는

그럴 땐 벽에 걸린 그림을 봐
귀가 잘린 고흐의 그 눈빛을

세상이 그를 외면 할 때에도
그의 손은 붓을 놓지 않았지

사는 동안 그가 판 것은
단 한 점의 유화 그렇지만

눈을 감는 순간까지도
그의 영혼은
그림을 그렸는지 몰라

어느 날 그는 그의 귀를 잘라 버렸지
모두들 그가 미쳤다고 말을 했지만

세상에 단 한 사람 그를 믿고
그의 말에 귀 기울인 사람은

세상을 떠나버린 그를 따라
그의 곁에 혼을 묻은 동생뿐

사는 동안 그를 믿어 준
단 한 사람이 있었음에

눈을 감는 순간까지도
그의 영혼은
그림을 그렸는지 몰라

노래는
높이로 하는 게
아니다.

물병에 물을 받으려고
수도꼭지를 열었다.
이제 물이 차오르기 시작하는
물병인데 손은 수도꼭지의
잠금 방향에 대기하고 있다.
인생이 이렇다.

마중 그리고 배웅

\

네가 드디어 이 세상에 오던 날
나는 설레는 마음으로 널 마중 나갔지

하얀 이불 사이로 내민 너의 작은 손
나는 흐르는 내 눈물을 감출 수 없었지

너는 나에겐 하늘이 내게 준 가장 귀한 선물
영원한 나의 친구

하루가 다르게 너는 자라고 있지
네가 커가는 그만큼 나도 자라고 있어

이 세상 누구도 가르쳐 줄 수 없는
가장 귀한 깨달음을 넌 내게 주었지

너는 나에겐 하늘이 내게 준
가장 귀한 선물 영원한 나의 친구

세월이 흘러 나를 배웅하는 날엔
너무 슬퍼 울지 않기를
너도 이제 곧 가슴 벅차게
누군가를 마중하게 될 테니

세상이 널 힘들게 할 때는
한번 생각해 보렴
우리가 지내 온 많은 날들을
그리고 기억해 주렴
너에게 기쁨이 되고 싶었던 나를

언제나 네 곁에 살아 숨 쉬는

두 개의 시계

\

한계의 벽에 두 개의 시계가 있어
서로 다른 시간이 흐른다
빠르게 가는 시계 느리게 가는 시계
다르게 보이지만 그저 하나의 시간

무거운 시간 덧없이 가벼운 시간
서로 다른 무게의 시간들
이렇게 오는 시간 저렇게 가는 시간
다르게 보이지만 그저 하나의 시간

똑딱똑딱 똑딱 똑딱똑딱 똑딱
똑딱똑딱 똑딱 똑딱똑딱 똑딱

진실의 시간 내 안의 거짓의 시간
흐르고 머무는 순간들
슬픔에 울던 날들, 기쁨에 웃던 날들
다르게 보이지만 그저 하나의 시간

한계의 벽에 두 개의 시계가 있어
서로 다른 시간이 흐른다
빠르게 가는 시계 느리게 가는 시계
다르게 보이지만 그저 하나의 시간

똑딱똑딱 똑딱 똑딱똑딱 똑딱
똑딱똑딱 똑딱 똑딱똑딱 똑딱

그 시계는
늘 다른 시간을 가리켰다.
하나는 빠르게,
하나는 느리게.
그러나 결국
하나의 시간.

나이 들어가는 내가 너무 좋다.
사람으로서도 많이 나아지고 있고
예전에 했던 일을 뒤돌아보며
더 잘할 수 있는 지혜도 깨달아간다.
이렇게 조금씩 정돈되고 조금씩 나아지다 보면
그다지 후회 없이 가게 될 것 같다.
힘이 빠져서 좋고, 스스로 모자람을 알아서 좋고,
날이 서 있지 않아 좋고, 욕심이 줄어들어 좋고,
느려져서 좋고, 못생겨가서 좋고……
다 너무 좋아서

ⓒ 박현진

나는 나이기에 아름다운 것

\

나는 나이기에 아름다운 것
나다운 나는 정말 아름다운 것
나는 나이기에 아름다운 것
남다른 나는 정말 아름다운 것

이 세상 그 어디에도 날 닮은 난 없어
그 누구도 나를 대신할 순 없어

나는 나 나는 나 나는 나 아름다운 나
나는 나 나는 나 나는 나 나는 나

너는 너이기에 아름다운 것
너다운 너는 정말 아름다운 것
너는 너이기에 아름다운 것
남다른 너는 정말 아름다운 것

이 세상 그 어디에도 널 닮은 넌 없어
그 누구도 너를 대신할 순 없어

너는 너 너는 너 너는 너 아름다운 너
너는 너 너는 너 너는 너 너는 너

이 세상 그 어디에도 날 닮은 난 없어
그 누구도 나를 대신할 순 없어

나는 나 나는 나 나는 나 아름다운 나
나는 나 나는 나 나는 나 아름다운 나

너는 너 너는 너 너는 너 아름다운 너
나는 나 나는 나 나는 나 나는 나

아름다운 나

부탁

\

날카로운 유리 조각 하나가
내 심장에 박혀있던 시간이
아픔조차 느낄 수가 없었던
숨 쉬는 일 그조차도 버겁던

걷는 사람 없던 그 길에
나를 따라 길게 눕던 그림자
별빛조차 말이 없던 그 밤엔
아무 일도 일어나지 않았네

세상이 날 기억하지 않아도
그대 더운 심장만은 남아서
길고 깊은 어둠 속에 버려진
내 그림자 안아주길 부탁해

한대수

그의 노래는 강물처럼
깊이를 알 수 없지
흘러 흘러가는 곳이
어딘지 도무지 알 수가 없네

그의 노래는 바람처럼
시작을 알 수 없지
불어 불어 가는 끝이
어딘지 도무지 알 수가 없네

그의 노랜 자유의 소리
깊은 잠을 깨우는
가슴속에 가둘 수 없는
열정을 그는 노래하네

아! 나에게 처음으로
노래를 사랑하게 한 그는
내 맘속 깊은 곳에
언제나 함께하겠지

⑫ 미안해요, 용서해요, 고마워요,
사랑해요

\

세상의 수없이 많은 말들 중에
이 세상 모든 걸 바꿀 말이 있지

미안해요(손을 내밀어요)
용서해요 (힘껏 안아줘요)
고마워요(고개를 숙여봐요)
사랑해요

그대의 마음에 미움이 가득할 때
끝없는 슬픔과 후회가 밀려올 때

미안해요(손을 내밀어요)
용서해요 (힘껏 안아줘요)
고마워요(고개를 숙여봐요)
사랑해요

그대의 미래가 불안해 보일 때는
눈앞에 보이는 모든 게 희미할 때

미안해요(손을 내밀어요)
용서해요(힘껏 안아줘요)
고마워요(고개를 숙여봐요)
사랑해요

세상의 수없이 많은 말들 중에
이 세상 모든 걸 바꿀 말이 있지

미안해요(손을 내밀어요)
용서해요(힘껏 안아줘요)
고마워요(고개를 숙여봐요)
사랑해요

미안해요(손을 내밀어요)
용서해요(힘껏 안아줘요)
고마워요(고개를 숙여봐요)
사랑해요

똑같이 말해봐요

아버지의 꿈
(통일의 노래)

\

한평생을 살아가며
기다리는 건
내 사랑하는 형제자매
모두와 함께

통일이란 아름다운 이름을 위해
다 함께 손을 잡고 함께 노래하는 일

이젠 정말
모든 미움들을 털어 버리고
하나 되길 원하네

한 땅 위에
태어난 이유 하나만으로도
우린 모두 하나니

눈물 속에 돌아보며
손을 흔들던
그리운 내 형제를 다시 만날 때까지

흔들리지 말아야지
다짐을 하던
내 부모 그 얼굴에 눈물 마를 때까지

이젠 정말
모든 미움들을 털어 버리고
하나 되길 원하네

한 땅 위에
태어난 이유 하나만으로도
우린 모두 하나니
사랑의 빛을 높이 들어 통일을 이루자

종묘의 이 매표소에서 입장권을 사고
아버지와 어린 시절 종묘를 걸어 창경궁까지
가다 보면 낙엽을 모아 태우는 냄새가 나곤 했다.
아직도 선명한 그 향기.
종묘의 담장을 끼고 이리저리 걷다 보니
거기가 익선동이었다.
아버지와 공구를 사러 나왔다가
하나 골라보라고 해서 뽑았던
밥 딜런의 음반을 샀던 종로.
지금은 그 많던 악기점도 음반 가게도 거의 사라졌다.
시사영어사 건물에 있던
 서울음반 사무실에서 계약서에 도장을 찍고
그 어린 나이에 데뷔를 했었다.

섬

\

어쩌면
인생은 섬으로 가는 여행
인생은 신기루 너머의 섬

가슴엔 바람이 불고
거친 파도가 치는 밤

잊혀진 시간을 찾아
나는 섬으로 떠나네

나는 섬으로, 섬은 내게로
섬은 내게로, 나는 섬으로

사람은 저마다 하나의 섬이다.
어떻게든 육지가 되어보려 다리도 놓아보고,
돌도 놓아보지만, 물에 잠겨버리고 만다.
나는 육지를 꿈꾸지 않는다.
더 큰 섬이 되는 것도 바라지 않는다.
더 안전한 섬이 되고 싶은 마음도 없다.

⑮   우리가 어렸을 적엔

\

우리가 어렸을 적엔
엄마 구두를 신고
온종일 삐걱거리며 거릴 걷기도 했지

우리가 어렸을 적엔
하란 공분 안 하고
소풍날 비가 올까 봐 밤엔 잠도 잘 못 잤지

서글픈 건 세월

우리가 어렸을 적엔
시험이 너무 많아서
오로지 기다리는 건 방학뿐이었었지

서글픈 건 세월

우리가 어른이 되면
좋을 것만 같지만
방학도 없는 나날을 살아가게 되겠지

서슬픈 건 세월

코흘리개 시절의 내 뜀박질과 배회와
친구들이 함께했던 그 거리는
나이 든 내게는 생각보다 좁고,
이곳과 저곳의 사이가 그리 멀지도 않은 곳이었다.
무슨 이유에서인지 내 토큰은 받지 않던 그 안내양을 뒤로하고
버스를 내리던 그 정류장도
일부러 굽이굽이 골목을 돌아
정문을 향하던 중학교도 그냥 거기에 있다.

찍는 것과 보는 것이 다른 시간, 다른 공간에 있었던 사진.
뭐든 바로 본다는 것이 좋은 것은 아니다.
사랑하는 그녀도 다음 날, 혹은 어느 날 볼 수 있었기에 좋았지 않았던가.
필름 카메라만 두 대를 들고 나갔다 돌아오는 길이 당연히 즉시 궁금하지 않았던
그때의 당연한 포기가 그리워서 나는 거리로 나선다.

© 김종진

오래된 사진기

\

낡은 서랍 속 오래된 사진기를 꺼내
기억 저편에 남아있는 시간을 찾아
노을이 지던 바닷가 작은 등대 위로
사람과 사람 그사이에
흐르던 시간

바람이 불면 부는 대로
눈비가 오면 오는 대로
오래된 나의 사진기 속엔
사랑과 미움 기쁨과 슬픔
떠나가 버린 안타까운
시간의 흔적 가슴에 남아

오래된 나의 사진기엔 이젠
떠나버린 나의 사람들과

오래된 나의 사진기엔
다시 돌아올 수 없는 추억만 남아

스물한 송이 장미

\

텅 빈 거리의 고독 속에서
스물한 송이 장미를 가득 안고
왠지 말 못 한 슬픔 속에서
그댈 기다렸었지

그리운 이름은 어둠에 묻혀서
길을 잃어버렸나?
이렇게 애타는 기다림 끝에도
돌아오질 않네

가슴에 가득한 장미꽃 향기는
기나긴 기다림 속에 힘없이 시들어
초라한 가슴에 말없이 흐느껴 울고

사랑한 날보다 사랑할 날들은
더욱더 크나큰 아픔
스물한 송이 장미처럼

(나는 나이기에 사랑하는 것.)

이유가 충동적으로 생각나는
가장도 하나도 나이다.

'아니다 너라서 말한다 그 사람도 나이 아니라
나는 말하고 있음뿐이다.

엎인이 배려도 희생하고 있는 정도의 사랑에서
나도 얘기하기 적합한 것은 비로소 최고의
아이다

광대나가나도 단어는 땐지 가장 뒤에 깨내야 하는
간직해진 생각지 않는 느낌을 갖고있었다.
나는 그에게 사랑을 늘 충동에 따듯이
있는 사람, 차를 함께 가까이 하는 만남
사람으로 생각되어있다.

참한 사람은 늘 우리가 느 단어는
꺼찌 쓰고 있고, 나라하는 나는 뿐이드는
그리고 박하이라.

... 가는 길에 오십도 지키고
... 지기변에 있는다. 경쟁 양하지
... 가나이 것이 붉어 비아
... 다녀에게 이야기도 있어

다섯손가락 이두헌 노래시
우울한 날엔 어떤 옷을 입을까?

section 03
사랑할 순 없는지

#사랑할 순 없는지 #고독한 이에게 #보이지 않는 바람을 찾듯 #차창에 흐르는 이별 #고독 눈물 그리고 이별 #그날 이후로 #우연 #안개꽃 #거리엔 추억이 #선택 #밖엔 지금도 비가 오나요 #잊지 말아요 #어느 해 가을 #너를 보내며 #그대는 강물처럼 흐르고 #창가에서 #그대가 보고 싶은 날 #이별이란 #이룰 수 없는 운명 #사랑을 잃고 사랑을 꿈꿔

① 사랑할 순 없는지

＼

누군가, 이 못난 나를 사랑할 순 없는지
서글픈 내 몸짓에 가난한 내 영혼까지

그대 여린 가슴을 놀라게 하긴 싫지만
나는 그대를 사랑하나 봐

슬픈 나날이지만 내겐 꿈이 있잖아
그대 나를 사랑할 순 없는지

그대가 이 슬픈 마음 만져줄 순 없는지
내 마음, 이 모두를 그대에게 주고 싶은데

2

고독한 이에게

\

사랑이 떠나버린 가슴속에는
외로운 미술가의 여인을 두고
짙은 커피향기 서러울 때엔
슬픈 노래라도 불러보면은

밤은 침묵으로 다가와
슬픈 그대 가슴 녹이며
이 밤 고독으로 가득 찬
외로운 마음속에
기쁜 노랠 들려주고

잠시 취한 듯이 잠든 후
오랜 친구처럼 찾아와
밤새 비 내리던 창가에
쓸쓸히 기다리던
고독은 다정한 친구

흩어진 종이 위에 고독을 적어
깊고 긴 꿈속으로 날려 보내면
멀리서 펼쳐 보는 환상의 여인
그 슬픈 눈동자를 가슴에 두면

종일 꿈속으로 달려가
함께 울어보고 싶은데
나는 크고 작은 갈등과
수많은 고독 속에
슬피 울며 살고 있어

온통 은빛으로 빛나는
그대 그림자를 보면서
정녕 다가설 수 없음에
메마른 가슴처럼
고독은 깊고 깊은 잠

③ 보이지 않는 바람을 찾듯

\

보이지 않는 바람을 찾듯
사랑을 찾으려고 애써도
눈에 보이는 것은 쓸쓸한 얼굴
사랑은 의미가 없고

세월이 흘러 잊혀진 동안
눈물은 너무 많이 흘렀고
이제 내게 남은 건 침묵의 시간
바람은 보이질 않네

서리 낀 창문에 눈물이 흘러
사랑이 잊혀진 동안
쌓이는 고독만큼 가슴엔 눈물이 흘러
인생이 쓸쓸해지면

보이지 않는 바람을 찾듯
사랑을 찾으려고 애써도
눈에 보이는 것은 쓸쓸한 얼굴
사랑은 보이지 않네

차창에 흐르는 이별

\

그때 나를 바라보던 그대의
두 눈에 맺힌 눈물을
애써 뒤돌아 웃으며
외면했던 이유는

가슴속에 간직해 놓은
사랑이란 이름이
이별 앞엔 진정 너무도
초라했기 때문에

지금 흐린 차창 위에 내리는
서글픈 비를 보면서
이젠 잊혀진 이별의
슬픔에 젖어봅니다

때 없이 나를 뒤흔드는 절망에
초라한 나의 모습은
그대의 슬픈 뒷모습만 그리며
늘 흐느끼고 있는데

그때 나를 바라보던 그대의
두 눈에 맺힌 슬픈 눈물 때문에
흘러가는 시간들이 내 앞에서 멈춰진 듯

움직일 수 없어요

고독 눈물 그리고 이별

\

나를 바라보는 그대의 두 눈에
말할 수 없는 슬픔 담겨 있지만

지나가는 사람들을 바라보아요
누구도 알 수 없는 슬픔을

그대만을 위해 간직한 사랑은
지는 낙엽처럼 슬프다 해도

사랑했던 순간만은 가슴에 남아
이렇게 나를 외롭게 하는 것일까?

고독과 눈물 그리고 이별
홀로 남겨진 너의 빈자리

잊을 수 없는 그대의 눈빛
이젠 이미 사라진 이름

6

그날 이후로

\

그날 이후로 난 말을 잃었어
사랑한다는 그 말을 잃었어
그날 이후로 사랑을 잃은 날부터
웃음은 내 곁에서 떠나버렸어

그날 이후로 난 그 길엘 못 가
함께 걸었던 추억이 떠올라
그날 이후로 사랑이 떠난 날부터
차가운 겨울바람이 불어와서

날 떠난 이후로
그대 행복하길 바란다는 말
뻔한 거짓말 마음에 없는 말
내 입이 그저 하는 말

내 가슴이 하는 말
그댈 사랑한다는 그 말
눈물이 차올라도 할 수 없어
난 그날 이후로

그날 이후로 난 술을 못 마셔
취한 두 눈에 그대가 떠올라
비틀거리던 내 손을 잡아준 사람
이제는 내 곁에 없는 걸 알기에

날 떠난 이후로
그대 행복하길 바란다는 말
뻔한 거짓말 마음에 없는 말
내 입이 그저 하는 말

내 가슴이 하는 말
그댈 사랑한다는 그 말
눈물이 차올라도 할 수 없어
난 그날 이후로

그날 이후로 난 길을 잃었어
너에게 가는 그 길을 잃었어
그날 이후로 사랑을 잃은 날부터
난 나를 잃었어

⑦ 우연

\

눈물이 흘러내리네
떠나는 그대를 보며
무거운 발자욱 소리
사랑이 떠나가네

이별은 오고 말았네
피할 수 없는 운명처럼
함께 걷던 이 길 위에
사랑이 쓰러져 있네

그대 나를 떠난 후에도
아프지 않길
다시 누굴 만나도 행복하기를

익숙한 이 길을 걷다
우연히 만나더라도
그대는 알지 못하리
우연이 아니었음을

⑧ 안개꽃

\

내 마음에 하얗게 눈이 내리고
누군가 처음으로
발자국을 내던 날

안개꽃 피었네

새하얀 꽃, 바람에 흩어져 가고
누군가 처음으로
사랑을 말하던 날

안개꽃 피었네

그대의 가슴속에 슬픔이
이젠 이별을 말하고
사랑 그 아름다운 이름만
가슴에 가득하여

내 마음에 하얗게 눈이 내리고
누군가 처음으로
발자국을 내던 날

안개꽃 피었네

거리엔 추억이

\

세월이 흐르면 잊혀질 줄 알았지
누구나 한 번쯤 이별하는 거라며

하지만 가슴속에 남아있는 그리움을
이제는 어쩔 수 없어 나는 네게 달려가

그러나 내 곁에 돌아올 순 없겠지
지나간 시절을 되돌릴 순 없겠지

우리가 사랑했던 아름다운 기억들을
영원히 잊지 않기를 나는 항상 바래

다시 돌아올 순 없다 해도 사랑했던
추억들은 하늘 가득히 우릴 비추고 있어

거리엔 (함께 거닐던) 추억이
우리가 나눈 잊혀지지 않는
아름다움으로 항상 남아있어

너만을 (너 하나만을) 사랑한
그 순간만은 너를 바라볼 때
부끄럽지 않은 진실이었음을

그것만 기억해 주길 바랄게

ⓒ 초록

선택

\

넌 울고 있었지
그 비에 젖은 채
흐느끼고 있었어
그를 만난 걸 후회한다는
같은 말만 되풀이하며

그를 사랑한다는 너의 선택이
잘못이 아니기를 기도했었어
그저 멀리서 너의 행복을 빌며

힘들었는지 야윈 네 얼굴
조금씩 무너지는 너를 보며
난 그 무엇조차도 네게 해줄 수 없었어

다시 내게 돌아온다면
힘겨운 날들 잊게 해줄 수 있어
나의 손을 잡아 줘 늦기 전에 다시
싸늘하게 식은 너의 손 가슴에 안고
슬픈 눈물 흘려도
넌 이미 돌아올 수 없는 선택을…

⑪   밖엔 지금도 비가 오나요

\

노을빛으로 내게 다가와
그렇게 저물어 간
가슴 아픈 사랑이 내게만 있었을까?

밖엔 지금도 비가 오나요
이별의 한숨처럼
곁에 있는 듯해도 늘 멀기만 한 그대

늘 가까이 있듯 그렇게 느껴지는
그대의 숨결은 이렇게
내 곁에 함께 있는 듯한데

늘 가까이 있듯 그렇게 느껴지는
그대의 숨결은 이렇게
내 곁에 함께 있는 듯한데

밖엔 지금도 비가 오나요
이별의 한숨처럼
곁에 있는 듯해도 늘 멀기만 그대

곁에 있는 듯해도 늘 멀기만 그대

잊지 말아요

\

이젠 모두 지나버린 일이야
사랑했던 추억마저도
하지만 멀리서 그대 모습 그리며
여기 서 있네

흘러가는 세월 속에 다가와
아픈 상처만 주고 떠나간
그대가 나에게 남겨준 그 사랑이
너무 무거워

하지만 우리 잊지 말고 살기로 해요
아름답던 지난날을 잊지 말아요
아직도 그대를 사랑하고 있어요
잊지 말아요

지난 세월 속에서
우리가 나눈 모든 것들을
다 거짓이라고 하지 말아요

사랑은 늘 아픈 거라고
나에게 말해준 단 한 사람
그대

어느 해 가을

\

어느 해 가을이었나 그대를 만나
시리도록 아픈 사랑을 우린 서로 나누었지

겨울비 내리는 저녁 바닷가에서
슬픔이 너무 무거워 떠나버린 너

세상엔 너무 많은 슬픔이 있어
빛나지 못할 만큼 아픔을 안고 산다던

그대는 가고 홀로 여기에 남아
그대를 그리워하는 일밖에
할 수가 없는 아픔

(14)

너를 보내며

\

떠나는 거리에서
뒤돌아볼 수 없는
너를 보내며

내 마음 부서지는
가을비를 닮아 가는데

왠지 내 마음은 너를
보내지 않은 듯
낯설은 공허가 밀려드는데

흔들릴 때마다 한 잔씩 마셔
취해버린 나그네처럼
서글픈 마음은 낯선 바람에도
서러움에 눈물짓는데

떠나는 거리에서
뒤돌아볼 수 없는
너를 보내며

내 마음 부서지는
가을비를 닮아 가는데

서글픈 내 영혼이
슬픔에 우는 것은
무슨 일일까

하루가 지나가도
또 하루는 다가오는데
슬픈 이별 뒤에 내게
남겨진 눈물은
또 다른 아픔을 안겨 주는데

흔들릴 때마다 한 잔씩 마셔
취해버린 나그네처럼
서글픈 마음은 낯선 바람에도
서러움에 눈물짓는데

떠나는 거리에서
뒤돌아볼 수 없는
너를 보내며

내 마음 부서지는
가을비를 닮아 가는데

그대는 강물처럼 흐르고

그대는 강물처럼 흐르고
메마른 내 맘을 조용히 적시네
길고 길었던 어둠
갈라져 버린 가슴에 고운 빗물로 내리네

그대는 강물처럼 흐르고
끝없는 바다로 조용히 스미네
길고 길었던 겨울
얼어붙은 내 가슴에 고운 눈으로 내리네

흐르던 강물이 멈추고
바람은 내게 말을 걸지 않았네
그대의 가슴에 새겨진 이름도
언젠간 지워지리

무거운 침묵에 가려진
소리 없는 말의 뜻을 이젠 알아요
시간이 흐르면 꿈처럼 고왔던
사랑도 지나가리

그대는 강물처럼 흐르고
메마른 내 맘을 말없이 적시네
길고 길었던 어둠
갈라져 버린 가슴에 고운 눈물로 남았네

흐르네
흐르네
그대는 강물처럼 흘러가네

진정한 사랑에 빠지면
아무리 잔혹한 인간의 마음에도
이내 가슴 속에 시내가 하나 흐르기 시작한다.
원하든 원하지 않든 이명처럼
매일 졸졸 물소리가 들리고
머릿속에 놓인 차가운 돌들 사이로
맑은 물이 흐른다.
가슴이 가뭄 끝의 땅처럼
쩍쩍 갈라져 가는 사람이라면
그 강물은 메마른 가슴에 내리는
고운 각도의 빗줄기가 된다.

창가에서

\

난 외로운 가을날이면
서럽게 적은 일기를 보네

저 어두운 밤길을 지나
떠나가 버린 그대를 보듯

창가에 눈물짓는 나의 모습은
쓸쓸한 시인처럼 길을 떠났네

인생은 외롭지만 혼자 가는 것
그대를 잊어야 하나?

늘 외로운 나날 들이야
웃어보아도 울어보아도

내 서글픈 이별 때문엔
어느 누구도 울지를 않네

창가에 눈물짓는 나의 모습은
쓸쓸한 시인처럼 길을 떠났네

인생은 외롭지만 혼자 가는 것
그대를 잊어야 하나?

(17)

그대가 보고 싶은 날

\

해가 지는 가을 저녁 무렵
바람은 불고

그대와 걷고 싶은 저 길은
저리도 빛나는데

빈 화랑에 걸린 어두운 빛깔의
그림 속으로 들어가고픈
눈물겨운 하루

오늘은 그대가 보고 싶은 날
오늘은 그대가 보고 싶은 날

눈 내리는 겨울 저녁 무렵
거리는 울고

우수에 어지러운 세상은
저리도 서러운데

빈 거리를 걷는 서글픈 사람의
마음속으로 들어가고픈
눈물겨운 하루

오늘은 그대가 보고 싶은 날
오늘은 그대가 보고 싶은 날

이 노래의 1절은 그녀의 가사이다.
글쓰기를 좋아했던 그녀의 노트에 남아있던 글에
내가 멜로디를 붙였다.

ⓒ 임범식

2절은 내가 썼다.

이별이란

\

가을날 이별이란 떠나는 이의 뒷모습처럼
돌아올 수 없는 기억 속에 있는 것
이별이란 길어진 어둠만큼 서러워지는
자그마한 가슴 그 속에 있는가?

계절이 흩어진 메마른 거리를 걸으며
낙엽이 쓸쓸한 어두운 거리를 걸으며
오래전 건네준 사랑의 편지를 읽을 때

너무나 여러 번 접힌 많았던 이야기
이별이란 가녀린 한숨처럼 그렇게
쉬 잊혀지는 것

이룰 수 없는 운명

\

손 내밀면 닿을 듯하지만
그댄 너무 멀리 있기만 해

느낄 수 없어도
볼 수 없다 해도
그저 있어 준다면

하고 싶은 말이 많을 때는
할 수 있는 말이 너무 없어

사랑한단 말도 그 어떤 맹세로도
이런 날 설명할 수 없어

그대를 기다렸다고
그대를 사랑한다고
짧은 한마디 말도 못 하고
그저 난 이렇게 서 있죠

운명을 알고 있기에
이룰 수 없는 운명을
다시 태어날 수만 있다면
지금 죽어도

그대를 기다렸다고
그대를 사랑한다고
짧은 한마디 말도 못 하고
그저 난 이렇게 서 있죠

운명을 알고 있기에
이룰 수 없는 운명을
다시 태어날 수만 있다면
지금 죽어도

하고 싶은 말이 많을 때는
할 수 있는 말이 너무 없어

사랑한단 말도
그 어떤 맹세로도
이런 날 설명할 수 없어

（20）

사랑을 잃고 사랑을 꿈꿔

\

사랑은 내게 어울리지 않아
다가서면 사랑은 날 두고 떠나가

사랑은 내게 허락 될 수 없어
그녀에게 영원한 사랑을 주고파

사랑은 정말 믿을 수가 없어
돌아서면 싸늘하게 남는 그리움

다시 돌아와 줘
아! 내 곁으로
다시 돌아와 줘
아! 내 곁으로

다섯손가락 이두헌 노래시
우울한 날엔 어떤 옷을 입을까?

section 04
수요일엔 빨간 장미를

#수요일엔 빨간 장미를 #저길 저편 저 차에 오르면 #느낌 #그대였으면 #10년 동안 #그대와 함께 걷다 보니 #비 오던 날 #내 하나뿐인 그대 #대신 #사랑을 믿나요
#푸른 숲 같은 사랑 #장난 #너에게 취했어 #사랑이 사람 뒤에 서 있네

수요일엔 빨간 장미를

\

수요일에는 빨간 장미를
그녀에게 안겨주고파
흰옷을 입은 천사와 같이
아름다운 그녀에게 주고 싶네

슬퍼 보이는 오늘 밤에는
아름다운 꿈을 주고파
깊은 밤에도 잠 못 이루던
내 마음을 그녀에게 주고 싶네

한 송이는 어떨까?
왠지 외로워 보이겠지.
한 다발은 어떨까?
왠지 무거워 보일 거야

시린 그대 눈물 씻어주고픈
수요일엔 빨간 장미를

슬픈 영화에서처럼 비 내리는 거리에서
무거운 코트 깃을 올려세우며

비 오는 수요일엔 빨간 장미를

② 저길 저편 저 차에 오르면

\

저길 저편 저 차에 오르면
그리운 너를 볼 수 있을까?

눈물 속에 아련히 떠오는
그대와 나의 슬픈 추억들

끝이 없는 듯 아득한 길도
그다지 멀지 않을 것인데

하나둘씩 떠나는 차 속에
　그대 모습은 없었네

　가을날 저지는 낙엽은
그대를 사랑했던 내 마음

　그대도 날 사랑한다고
진정 그렇게 생각했는데

　멀어지는 너의 모습
　이젠 어쩔 수 없네
헤어지는 아픔보다도
　나는 너를 사랑해

느낌

\

왠지 처음 그대를 만난 순간
가슴에 흐르던 포근한 사랑의 느낌

두 눈 가득 이슬이 맺혀 있어
어쩐지 눈물이 많을 것 같던 느낌

그땐 정말 사랑한다는 말은 못 했지만
가슴 깊이 사랑은 느낌으로 다가왔었죠

왠지 처음 본 순간
그대를 잊지 못할 것만 같던 느낌
가슴 속 깊이 젖어 들던 맑은 미소

왠지 처음 본 순간
그대를 사랑하게 될 것 같던 느낌
가슴 속 깊이 젖어 들던 맑은 미소

④

그대였으면

\

그대였으면 내 꿈속에
단 한 사람이라면
기쁠 때나 슬플 때도

그대였으면

긴 슬픔에 상처만 남은 나에게
햇살처럼 다가온 그대였기에

세상 끝날 때까지 나의 곁에서
모자란 내 사랑 받아주기를

두 손 모아 간절히 나는 기도해
나의 참사랑 오직 그대였으면

10년 동안

\

우리 처음 만난 날 그대 기억하나요
해맑은 그대의 미소로
내 슬픔 걷어내던

그날을 기억하나요

아주 오랜 시간을
우린 함께 지냈죠
기쁠 땐 함께 웃었지요

슬플 때도 그렇게

혹시라도 내가 무심히

그댈 아프게 했던
그런 기억이 있었다면 용서해 줘요

많이 사랑하지만
너무 모자란 내게
그대는 모든 걸 다 주었기에

많은 세월이 흘러 나 그댈 먼저 떠나도
그대를 사랑하는 마음
언제나 그대 곁에

그대와 함께 걷다 보니

\

그대와 함께 걷다 보니 여기까지 왔네요
눈물의 강이 가로막아 건널 수가 없구려

한마디 말도 못 한 채로 그댈 떠나왔지만
가슴에 품은 단 한마디 그대만 사랑했다오

둘이 걷던 그 길에 꽃은 피어 있는지
창문 밖에 내리던 하얀 눈이 그리워
꿈속에라도 그대 손잡고 걷고 싶을 뿐이오

사랑하오 사랑하오 그대여
사랑하오 사랑하오 그대여
사랑하여 사랑했던 내 사랑
아름다운 사람아

보고 싶고, 보고 싶은 그대여
사무치게 보고 싶은 그대여

사랑하여 사랑했던 내 사랑
아름다운 사람아

아름다운 사람아
아름다운 사람아

제가 함께 걸은 사람이 뮤지션만 있겠어요.
많은 어려움을 극복하고 최고 의대를 나와
정직하게 옳은 정신으로
사람들의 아픔을 보듬는 정신과 의사도 있고,
나무를 진심으로 다루는 목수도 있고,
천상의 소리를 탐구하는 기타 제작자도 있고,
커피 로스터를 결정적으로 바꾼 계기가 된
커피에 대한 진심을 보여준 김광석 팬(제 팬 아님)도 있고,
스무 살 시절 경복궁에서 도시락 까먹으며
40년 가까이 함께 걷고 있는 전직 언론인도 있습니다.
블루스 기타 치는 내과 의사도 있고,
목사의 아내가 된 전직 수녀도 있고,
제주에서 캐러멜을 만드는 저의 전 매니저 부부도 있고,
제부도에서 간혹 꾀꼬리 같은 목소리로 노래도 들려주는
펜션 사장님도 계시죠.
저같이 모자란 사람과 함께 걸어 준 소중한 분들이
너무 많습니다.

비 오던 날

비 오던 날을 기억하나요
우리가 처음 만난 어느 날
가을비는 그칠 줄을 모르고
빗속을 혼자 걷고 있었죠

어색한 미소 지으며
내게 우산을 내밀던 그대
이해할 수 없는 힘에 이끌려
나는 그대와 걷게 되었죠

길지 않은 길을 걸으며
나누었던 많은 얘기들
기억하나요

거짓 없었던 그대 맑은 미소는
언제까지나 잊을 수 없죠

뒤돌아 가는 그대 뒷모습
무심히 바라보았죠
흠뻑 젖은 그대 왼쪽 어깨엔
사랑이 섞여 늘고 있었죠

⑧   내 하나뿐인 그대

\

변함없을 약속이 담긴
영원이라 부를 사랑이
지금 내 앞에서 나를 바라보네
내 하나뿐인 그대

사랑으로 쓰여진 약속
믿음으로 쓰인 사랑이
지금 네 곁에서 너를 바라보네
내 사랑하는 그대

그대를 내게 주신 그분께
난 감사드릴 뿐이네
끝없는 그 사랑을
나 닮게 하여 주소서

변함없을 약속이 담긴
영원이라 부를 사랑이
지금 내 앞에서 나를 바라보네
내 하나뿐인 그대

믿는다는 것은 너무 외롭다는 말과 동의어이다.
얼마나 많은 사람들이 외로워서 믿고,
그 믿음 때문에 끝없이 외로워졌는지...
사랑을 믿지 않는다고 말하는 데는 용기가 필요하다.

대신

\

당신을 대신할 사람이 있다고
그렇게 생각하나요
그 누구도 대신할 순 없어요
그대의 빈자리는

그대는 말하죠. 그대 없는 세상도
아프지 않을 거라고
그런 일은 내겐 없을 거예요
대신할 그 누구도

오! 나의 그대여
그런 말은 말아줘요
대신할 그 누구도 내게는 없으니

당신을 대신할 사람이 있다고
지금도 생각하나요
그 누구도 대신할 순 없어요
그대의 빈자리는

⑩ 사랑을 믿나요

\

사랑을 믿나요
이렇게 가슴 아파도
그대가 믿는 사랑이
영원할 거라고 믿나요?

그대는 믿나요
영원한 사랑을 믿나요
피할 수 없는 이별이
그댈 찾아온다고 해도

눈물을 믿나요
거짓이라고 해도
사랑, 그 이름만으로
모두 버릴 수 있나요

가슴속에 가득한
그 사랑을 믿나요
이룰 수 없어도
그 사랑을 믿나요

죽음보다 차가운
이별이 찾아와도
그대는 영원한
사랑을 믿나요

푸른 숲 같은 사랑

\

이젠 내게로
여행을 떠날 거야
이젠 더 이상
어둠은 없을 거야

나의 지난날 들은
사막의 밤 같았지
그를 만난 후부터
내 맘속에 자라는 풀하나

언젠가
나무가 될 거야
숲이 될 거야

언젠가
사랑이 올 거야
푸른 숲 같은 사랑

장난

\

맨 처음엔 장난이라고 생각했죠
그대 나를 사랑한다는 걸
믿을 수 없었죠
부족한 게 없는 그대가
왜 날 좋아하게 됐는지

나도 몰래 그대에게 빠져들었죠
그대 눈물 보았을 때
어딘지 모르게 슬픈 듯한 그대 뒷모습
사랑하게 됐죠

하지만 쉽지만은 않을 거예요
어쩌면 힘든 일이 많을지도 몰라요
세월이 흘러도 후회하지 않게

우리의 사랑 변하지 않기를
맨 처음 내게 다가온
다정했던 눈빛만을 간직해

그대를 위해서 모든 걸 바칠게

혹시라도 변하지 않도록
영원히 그대 두 눈에
눈물 없을 때까지

너에게 취했어

\

내 눈을 바라봐
피할 수 없을 거야

너에게 취했어
너무 취해버렸어

흐려진 두 눈에
가득 담긴 네 모습

말할 순 없지만
난 네게 취해버렸어

느낀 데도 가질 순 없지만
바라만 봐도
나를 취하게 만드는 너

할 수만 있다면
내 영혼을 팔겠어

주문에 걸린 듯
내게 다가왔으면

느낀 데도 가질 순 없지만
바라만 봐도
나를 취하게 만드는 너

사랑이 사람 뒤에 서 있네

\

처음부터 난 그대를 느꼈죠
너무나 익숙한 향기
그대 눈 속에 있어요
영원한 사랑이

오래전 난 그댈 알았죠
그대는 모르겠지만
사랑이 찾아왔지만
가질 수 없어요

언제나 꿈꿨지
완전한 평화를
가슴에 퍼지는 푸른 향기
영원히 그대와 함께
할 수만 있다면
영원한 죽음조차
날 막지 못해

언제나 내 곁에 있어요
그대를 지켜줄게요
그내 눈 속에 있어요
영원한 사랑이

영원히 그대와 함께
할 수만 있다면
영원한 죽음조차
날 막지 못해
언제나 내 곁에 있어요

그대를 지켜줄게요
그대 눈 속에 있어요
영원한 사랑이

다섯손가락 이두헌 노래시
우울한 날엔 어떤 옷을 입을까?

초판 1쇄 발행   2025년 12월 9일

지은이   이두헌
펴낸이   황윤정
펴낸곳   이은북
출판등록   2015년 12월 14일 제2015-000363호
주소   서울 마포구 동교로12안길 16, 삼성빌딩B 4층
전화   02-338-1201
팩스   02-338-1401
이메일   book@eeuncontents.com
홈페이지   www.eeuncontents.com
인스타그램 @eeunbook

책임편집   하준현
디자인   이미경
표지사진   권동희
제작영업   황세정
마케팅   이은콘텐츠
인쇄   예인미술

© 이두헌, 2025
ISBN 979-11-91053-54-8 (03680)

- 이은북은 이은콘텐츠주식회사의 출판브랜드입니다.
- 이 책에 실린 글과 이미지의 무단전재 및 복제를 금합니다.
- 이 책 내용의 전부 또는 일부를 재사용하려면 반드시 출판사의 동의를 받아야 합니다.
- 책값은 뒤표지에 있습니다.
- 잘못된 책은 구입하신 서점에서 바꾸어 드립니다.